Brasiliens kleiner

FUSSBALLSTAR

Oliver Wenniges

CARLSEN

Die Geschichte, die ich euch jetzt erzähle, handelt vom besten Fußballspieler der Welt. Na ja, werdet ihr sagen, wie kann man so etwas behaupten, wo es doch so viele gute Fußballspieler gibt?

Da habt ihr sicher Recht, aber hört mir erst einmal zu, vielleicht werdet ihr mich dann verstehen.
Die Geschichte spielt in Südamerika. Genauer gesagt in Brasilien, in dem Vorort einer großen Stadt, auf einem kleinen Fußballplatz.

Der Junge, von dem ich erzähle, heißt Revilo. Er lebte schon immer dort, in einer kleinen Hütte, zusammen mit seiner Mutter, seinem Vater, seiner kleinen Schwester und mit Oma. Revilos Lehrerin war seine Mutter. Sie brachte ihm und den anderen Kindern aus der Umgebung Lesen und Rechnen bei. Ab und zu half Revilo ihr in der Küche oder bei der Pflege ihrer Mutter, seiner Oma. Die war schon sehr alt und nicht mehr ganz gesund.

Sein Vater hatte eine Autowerkstatt. Schon früh hatte er Revilo beigebracht, wie man Automotoren reparieren konnte. Das hatte einen großen Vorteil, aber davon erzähle ich später mehr.

Revilos Schwester war noch klein und hatte deshalb sehr viel Zeit zum Spielen. Außerdem war sie Revilos größter Fan, denn Revilo war ein Super-Fußballer! Im Vorort gab es einen Fußballverein und in diesem Verein war Revilo der Stürmer. Und was für einer!

REVILO

Er war schneller als alle anderen, bewegte sich dabei elegant wie ein Tänzer und der Ball folgte ihm wie ein dressierter Hund. Niemand konnte ihm folgen und er schoss viele, viele Tore.

Wenn er spielte, kamen alle zusammen, um ihn zu bewundern. Es waren nicht nur die Tore, die sie sehen wollten. Es war die Freude und die Schönheit, mit der Revilo spielte.
Alle waren von seiner Ballkunst verzaubert.

ULLI

Schnell sprach sich Revilos Talent herum. Und schon bald kamen die Leute aus den anderen Vororten, um ihn zu sehen, und auch die Zeitungen schrieben über sein Können.

Aber die Geschichte geht noch weiter: Plötzlich bekam sein Vater Briefe von vielen bekannten Fußballvereinen. Einige schickten sogar nette Männer vorbei, die elegant angezogen waren und Telefone besaßen, die so klein waren wie Omas Brillenetui.

Alle wollten Revilo mitnehmen, in die großen prachtvollen Städte, ja sogar bis nach Europa. Er würde dort viel Geld verdienen und könnte sich alles kaufen. Eine Sportfirma schrieb, er bekäme so viele Fußballschuhe, dass er nie wieder mit einem Paar ein zweites Mal spielen müsse.

"O GLOBO"
MANCHESTER

Zugegeben, das hörte sich alles toll an und alle im Ort waren sehr stolz auf Revilo. Sie wetteten, zu welchem Verein er wohl gehen würde. Sie träumten schon davon, Revilo im Fernsehen zu bewundern, im Trikot der brasilianischen Nationalmannschaft.

Doch Revilo wollte nicht gehen. Das viele Geld und was er sich dafür kaufen könnte interessierte ihn nicht. Er wollte doch einfach nur Fußball spielen, und das konnte er auch hier im Dorf, mit seinen Freunden.

Außerdem war er der Einzige in seinem Team, der den Transporter reparieren konnte, und den brauchte seine Mannschaft, wenn sie in den Nachbarorten spielte.

BRASIL

Nein, Revilo wollte bei seiner Mutter bleiben, um von ihr zu lernen, bei seinem Vater, um noch mehr über Motoren zu erfahren, bei seiner Oma, um sie zu pflegen, und bei seiner kleinen Schwester, denn schließlich war sie sein größter Fan.

So blieb alles, wie es war, in diesem kleinen brasilianischen Vorort in Südamerika. Alle waren glücklich, dass sie Revilo weiterhin beim Fußballspielen zugucken konnten, denn für sie war Revilo der beste Spieler der Welt.